Pascale Leconte

Les Lois Cosmiques et Universelles à colorier

Illustration : Pixabay.com

© 2020 Pascale Leconte.
Éditeur : BoD-Books on Demand
12-14 rond-point des Champs-Élysées, 75008 Paris
Impression : Books on Demand, Norderstedt, Allemagne
Dépôt légal : Août 2020.
ISBN : 9782322240784

1

LA LOI DE L'UNITÉ

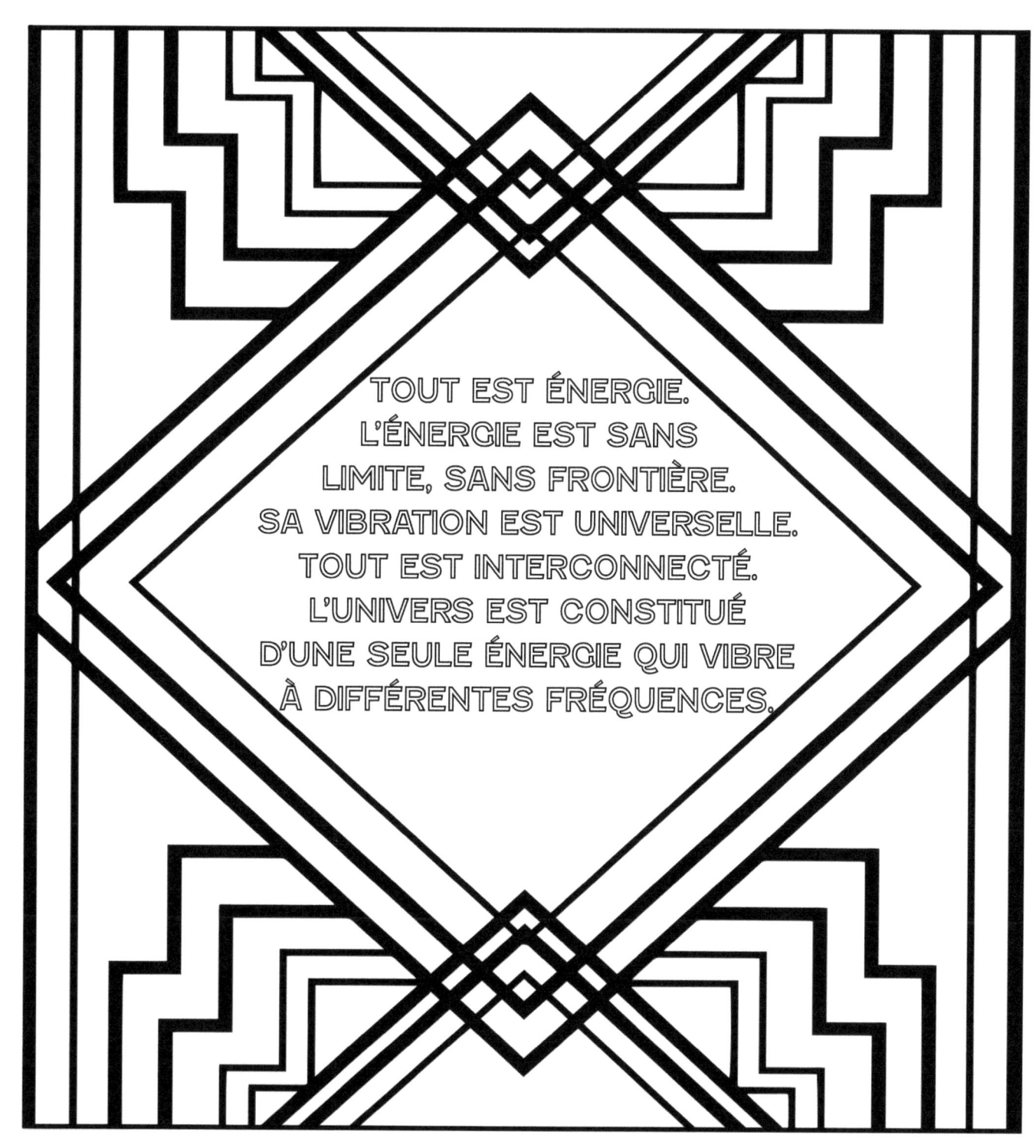

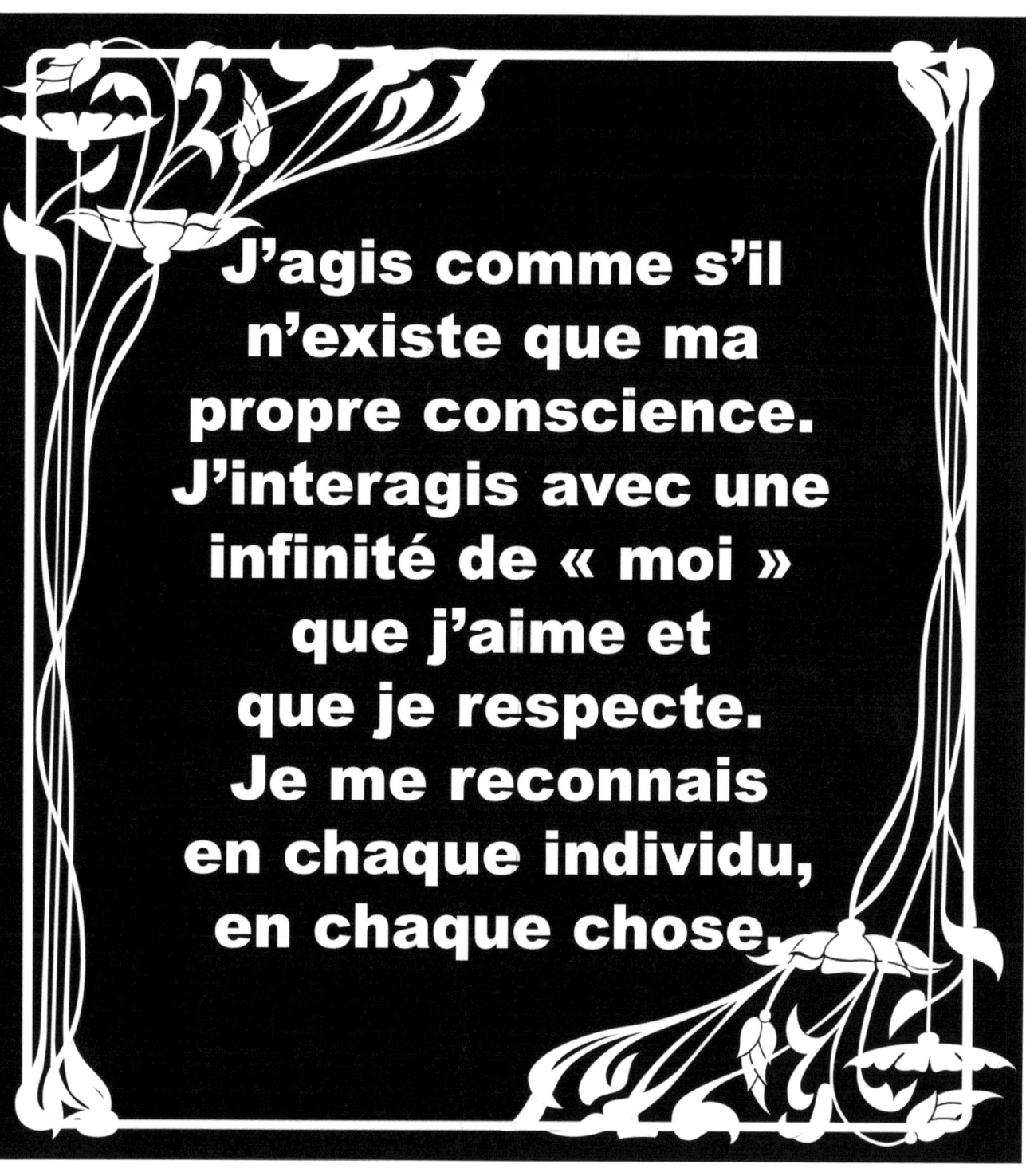

Je suis mon propre SAUVEUR.

Il n'y a pas un unique élu qui viendra nous sauver. Nous sommes tous nos propres sauveurs. Alors j'agis ici et maintenant.

Ce monde de dualité apparente est un apprentissage pour comprendre et intégrer la Vérité : Tout est issu d'une unique source. Une seule et même Conscience qui s'expérimente dans la matière sous une infinité de formes.

JE SUIS
L'OBSCURITE
ET LA LUMIERE.
JE PEUX M'AIMER
ET AIMER TOUTES
LES PARTIES DE
MOI SANS EN
REJETER
AUCUNE

Ce que je suis INFLUE sur toute la création car je SUIS la création. Nous sommes une UNIQUE énergie.

La Conscience Universelle évolue en même temps que moi, puisque je suis elle et elle est moi.

2

LA LOI DE CAUSALITÉ

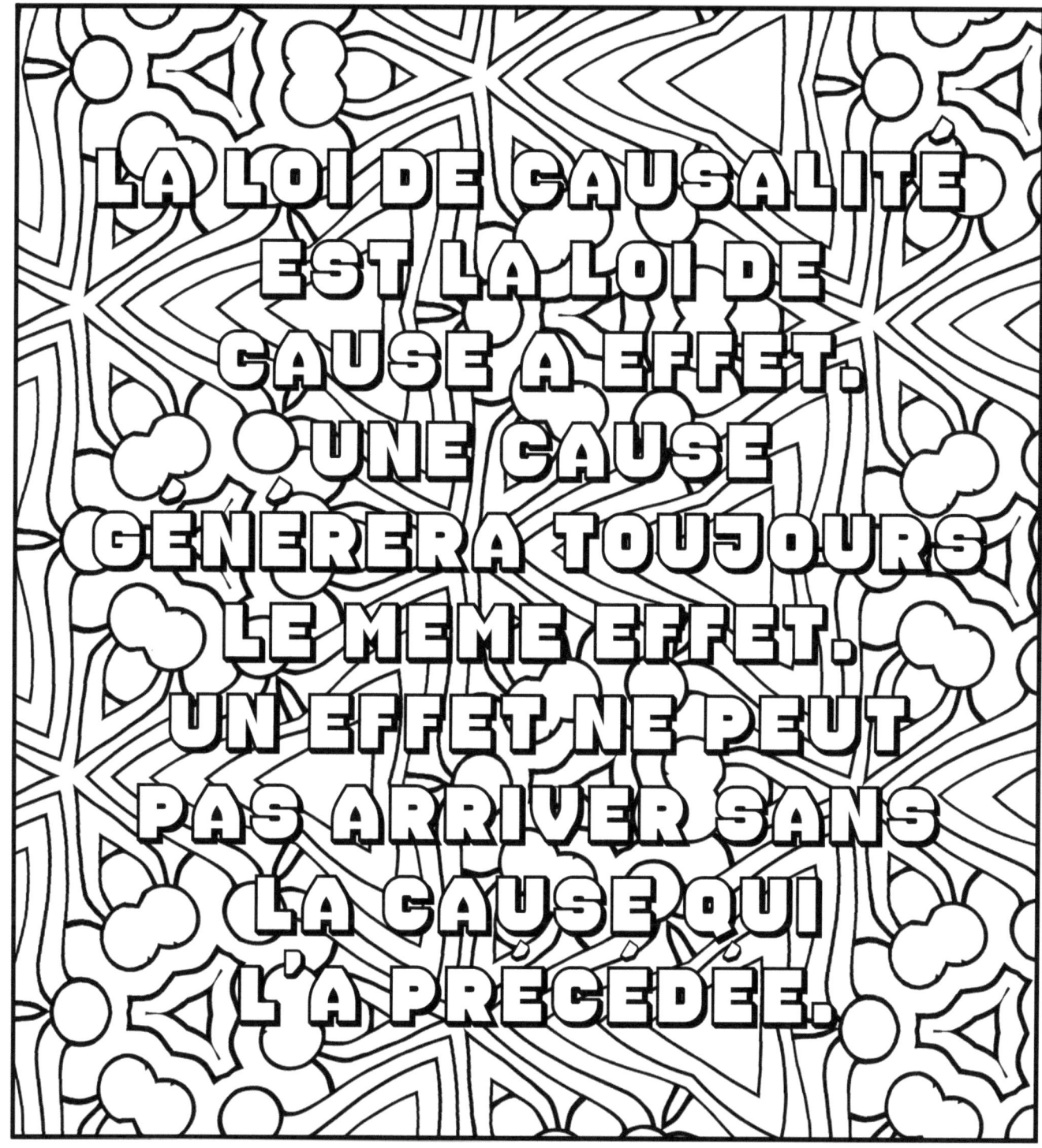

Je récolte ce que j'ai semé.
Qui sème le vent
récolte la tempête.
Personne n'échappe à
la loi de causalité.
Tout comme personne
n'échappe aux lois cosmiques.
Elles régissent l'univers.

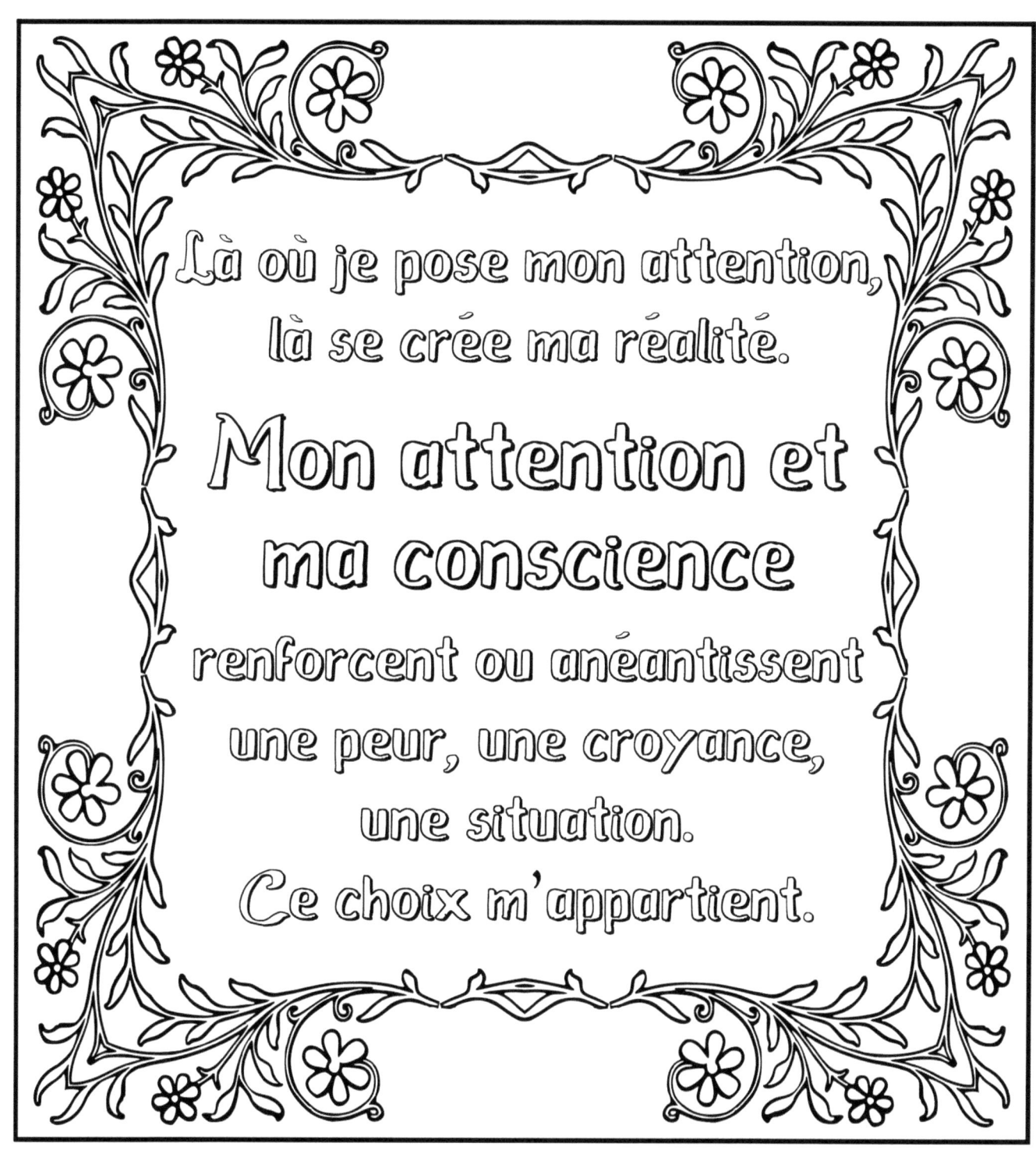

Ce que je vois a l'exterieur est le reflet de ce qui se joue a l'interieur de moi. Je vibre ce que je suis, ainsi je cree une realite qui me ressemble.

Tout ce qui m'arrive est la réaction engendrée par une de mes actions passées. Même si je n'en ai pas conscience. Même si l'action a été faite dans un temps reculé, dans un autre contexte, dans une vie antérieure.

La loi de causalité
me permet de prendre conscience
des responsabilités qui
découlent de mes choix.
De comprendre le lien entre
mes décisions et les répercussions
qu'il me faudra gérer ensuite.
Je suis responsable de mes actes.
Assumer ses responsabilités
est le fait des êtres souverains
d'eux-mêmes et de leur propre vie.

3

LA LOI D'ANALOGIE

CE QUI EST EN BAS EST COMME CE QUI EST EN HAUT. L'INFINIMENT PETIT EST PAREIL A L'INFINIMENT GRAND.

LA LOI D'ANALOGIE REVELE QU'IL N'Y A NI SEPARATION NI DIFFERENCE ENTRE CE QUI SE TROUVE A L'EXTERIEUR ET A L'INTERIEUR DE TOUT ETRE, DE TOUTE CHOSE.

Ce que je pense crée ce qui se passe dans la matière. Mes pensées invisibles influent sur la matière visible. L'invisible est donc à l'origine du visible.

Ainsi dès que mes pensées évoluent, la matière évolue aussi dans l'immédiat ou dans le temps, mais ce changement est inéluctable.

4

LA LOI DE RÉSONANCE

ET LA LOI D'ATTRACTION

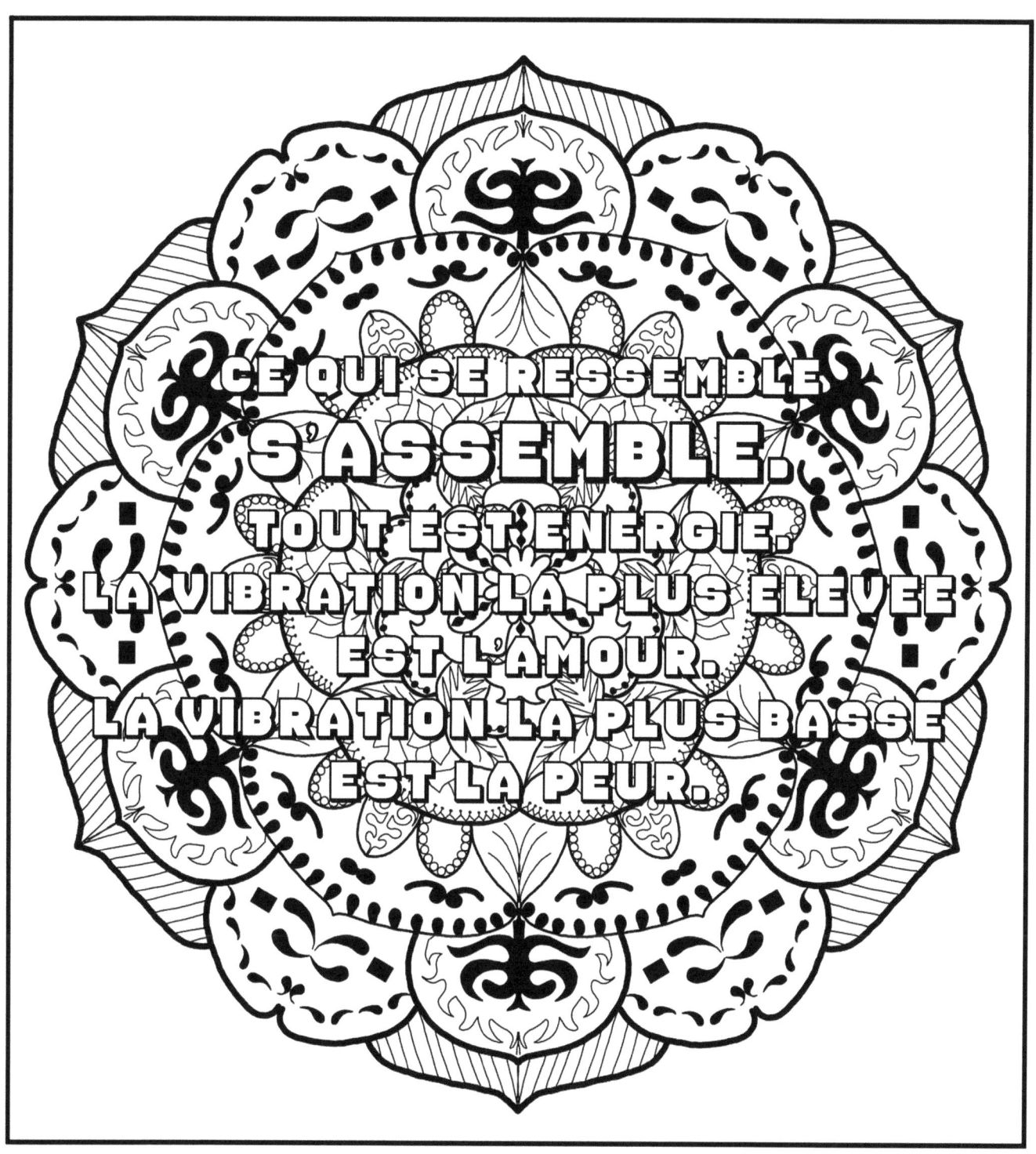

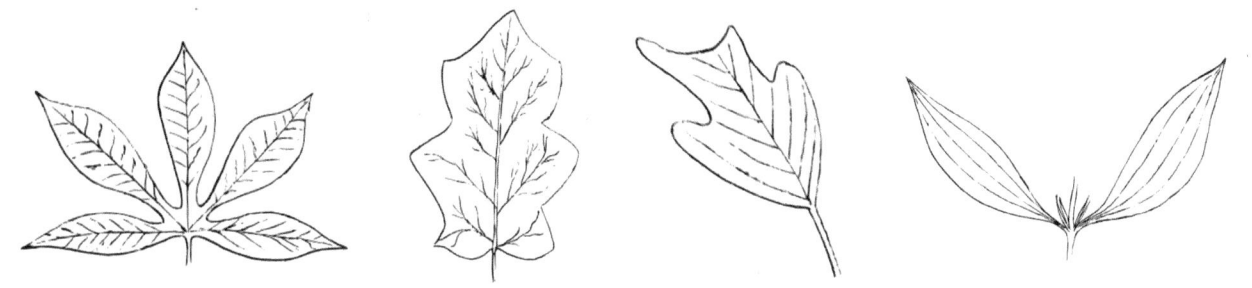

J'attire à moi les personnes et
les situations qui correspondent
à ma vibration.
Ainsi, si je suis joie et amour,
j'attirerai des personnes dont
la fréquence est la joie et l'amour.
Si je suis dans la peur et la colère,
j'attirerai ce genre de personnes
et de situations.
A moi de choisir en conscience.

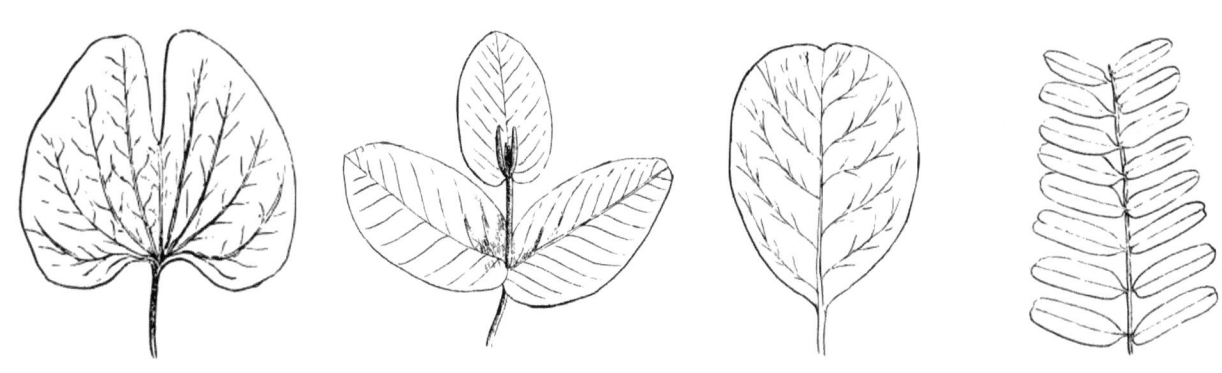

La loi de résonance est l'indicateur idéal pour me montrer ce qui se passe en moi : si tout va bien dans ma vie, cela signifie que mes pensées, mes paroles et mes actes sont alignées. Si tout va de travers dans ma santé ou mon quotidien, cette loi me permet de comprendre que je suis en désaccord avec mon âme. Il y a des ajustements à faire, de nouvelles directions à prendre.

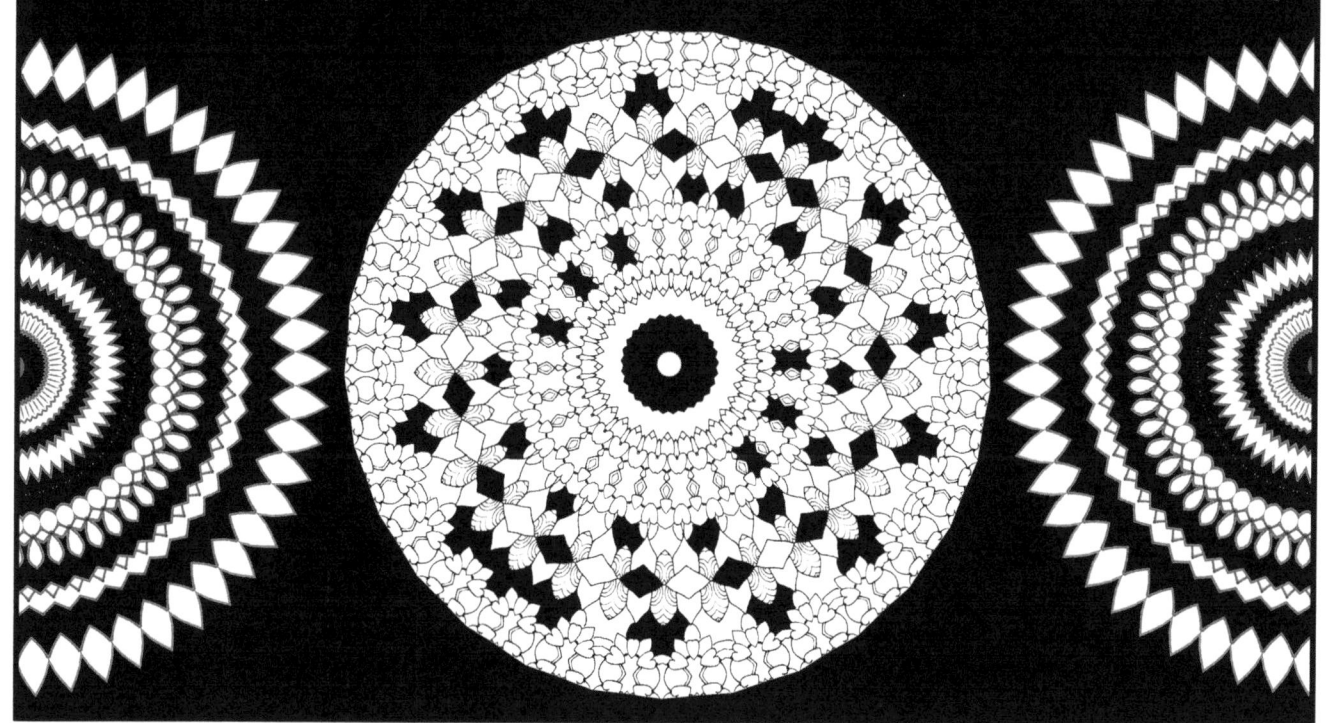

5

LA LOI DU RYTHME ET LA LOI DE POLARITÉ

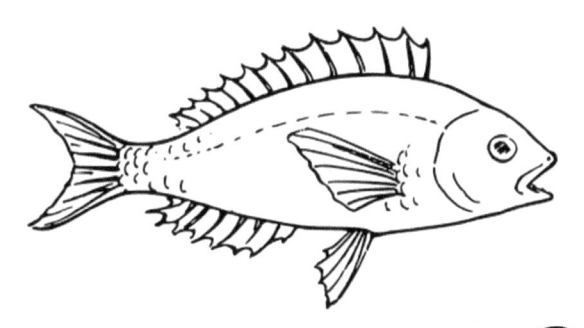

Tout **change**
en permanence.
Tout évolue.
Il est vain et illusoire
de vouloir figer une situation.
La permanence
de l'impermanence.

Tout début mène à une fin.

Et toute fin signifie qu'il y aura un nouveau début.

IL EST INUTILE D'ÊTRE DÉPRIMÉ
LORSQUE JE TOMBE MALADE
CAR LA SANTÉ REVIENDRA.
AINSI EN EST-IL AVEC LES PÉRIODES
D'ABONDANCE ET CELLES
OÙ JE DOIS ÊTRE PLUS ÉCONOME.

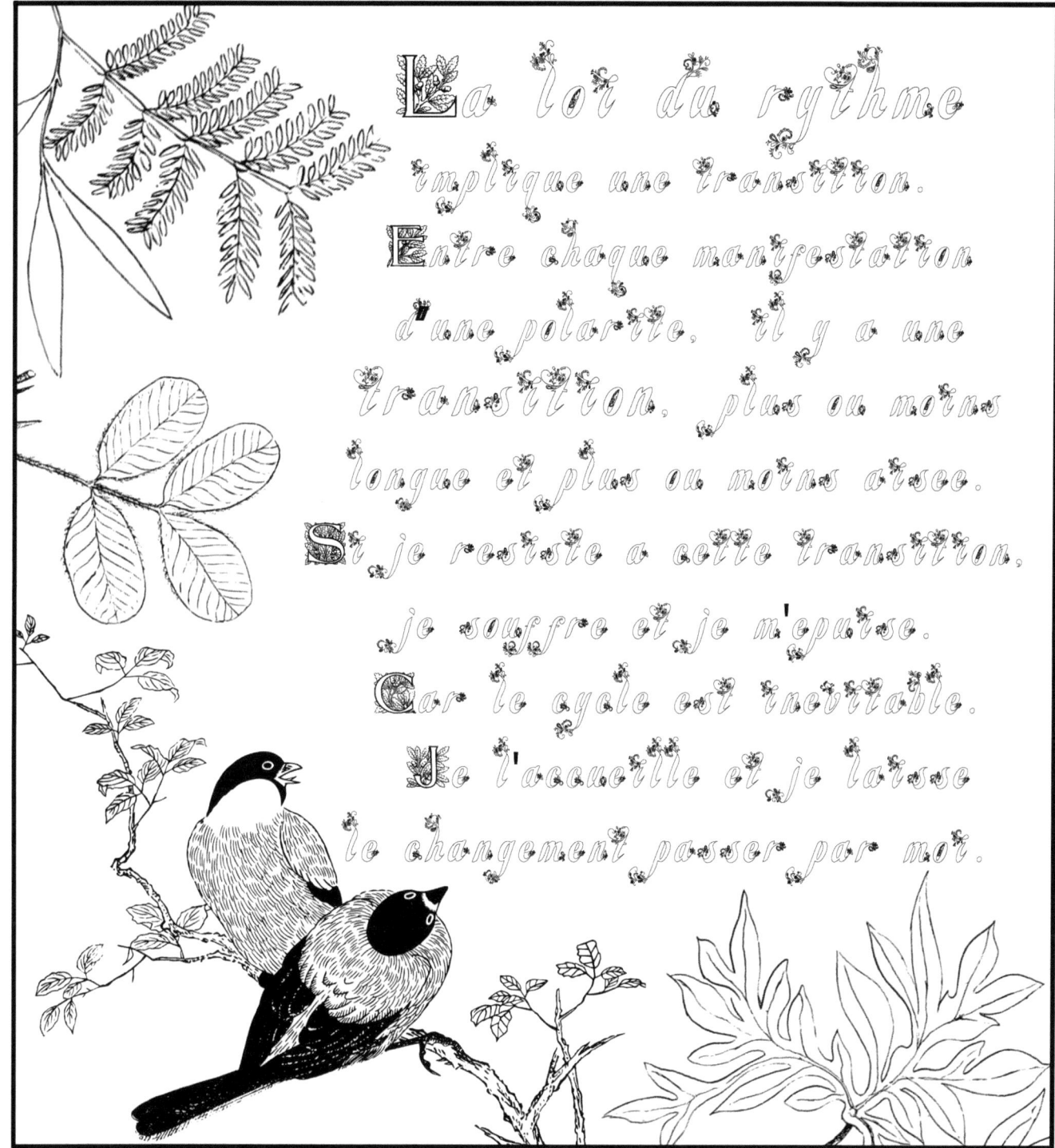

La loi du rythme implique une transition.
Entre chaque manifestation d'une polarité, il y a une transition, plus ou moins longue et plus ou moins aisée.
Si je résiste à cette transition, je souffre et je m'épuise.
Car le cycle est inévitable.
Je l'accueille et je laisse le changement passer par moi.

6

LA LOI DU LIBRE ARBITRE

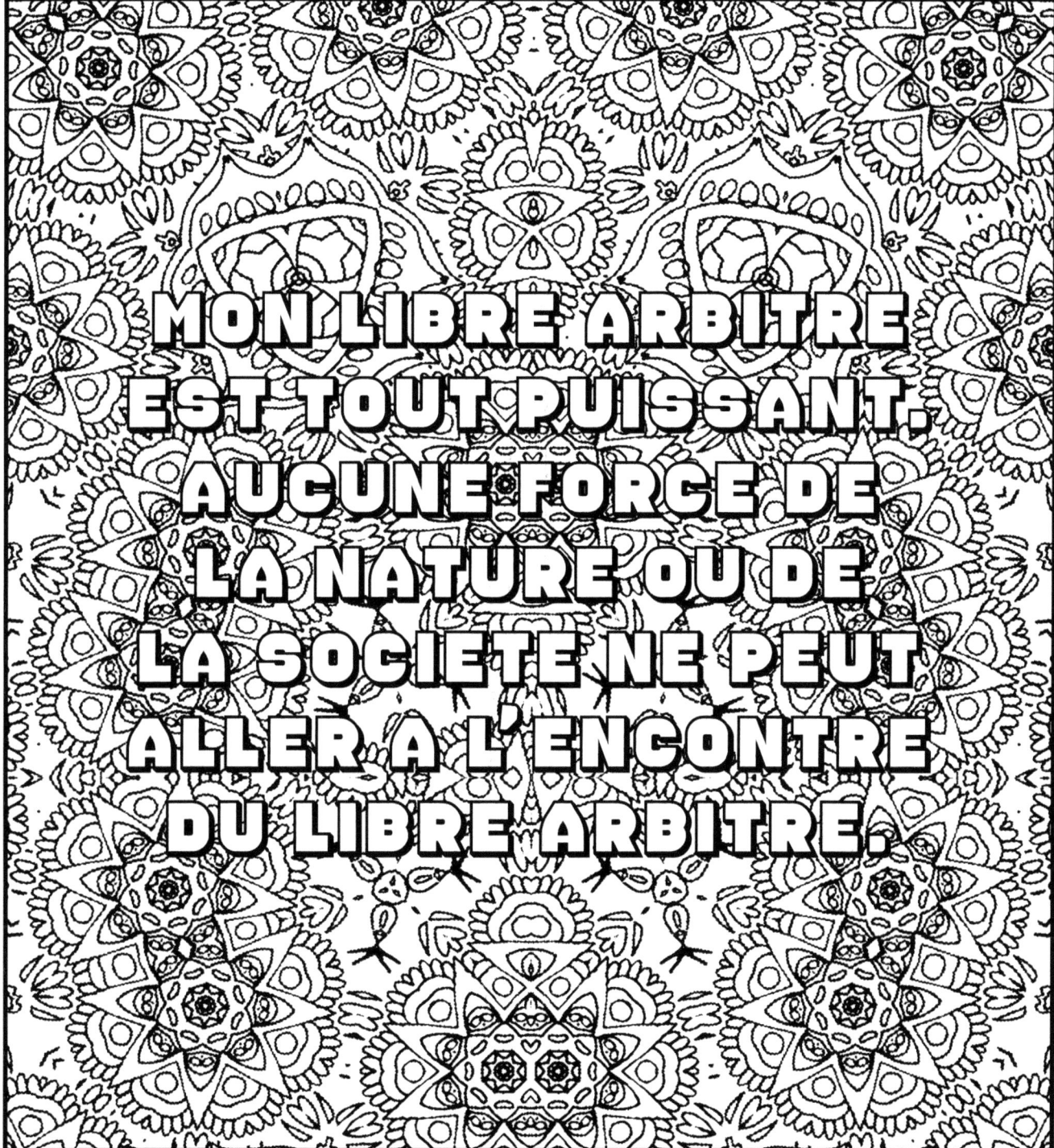

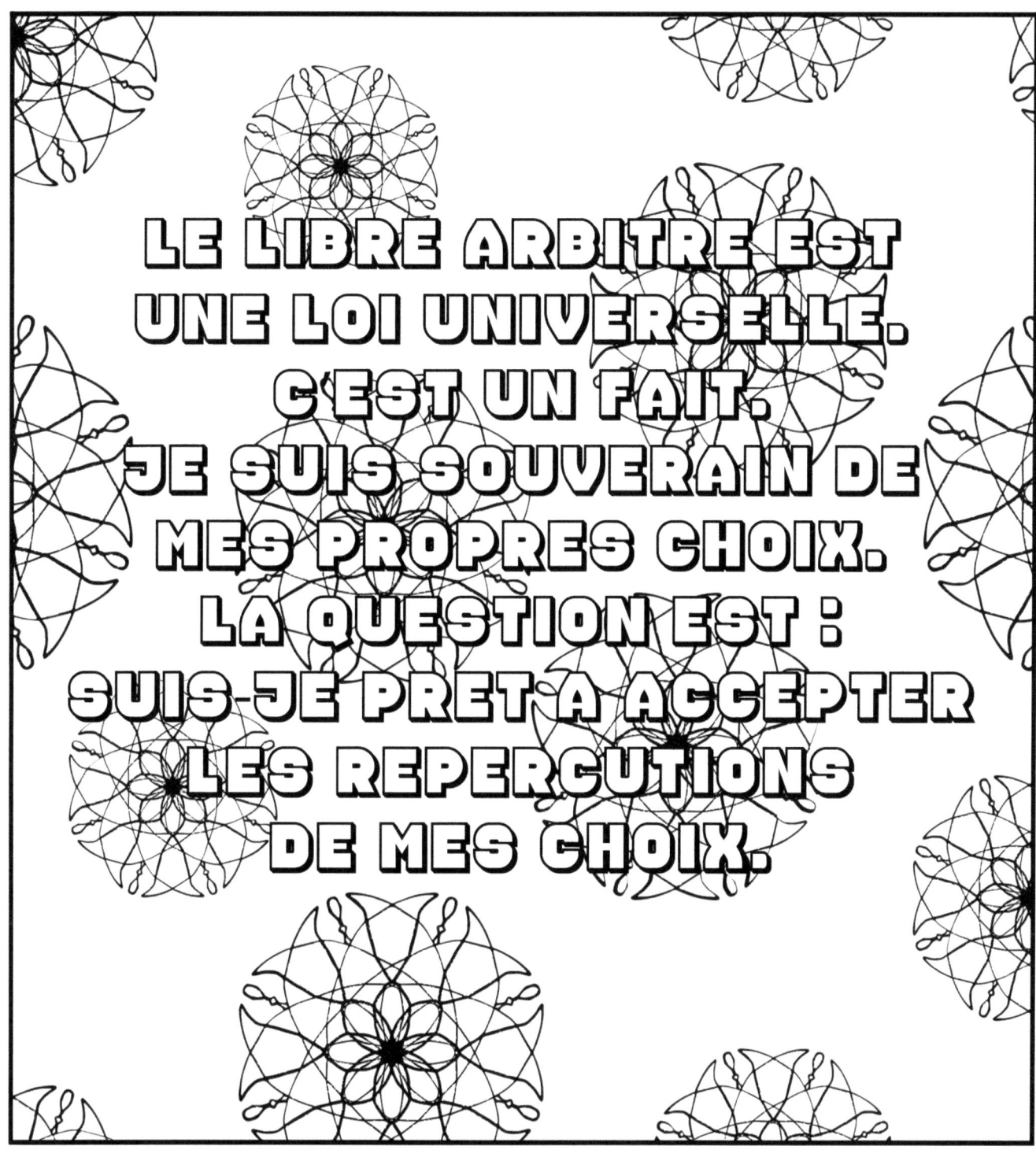

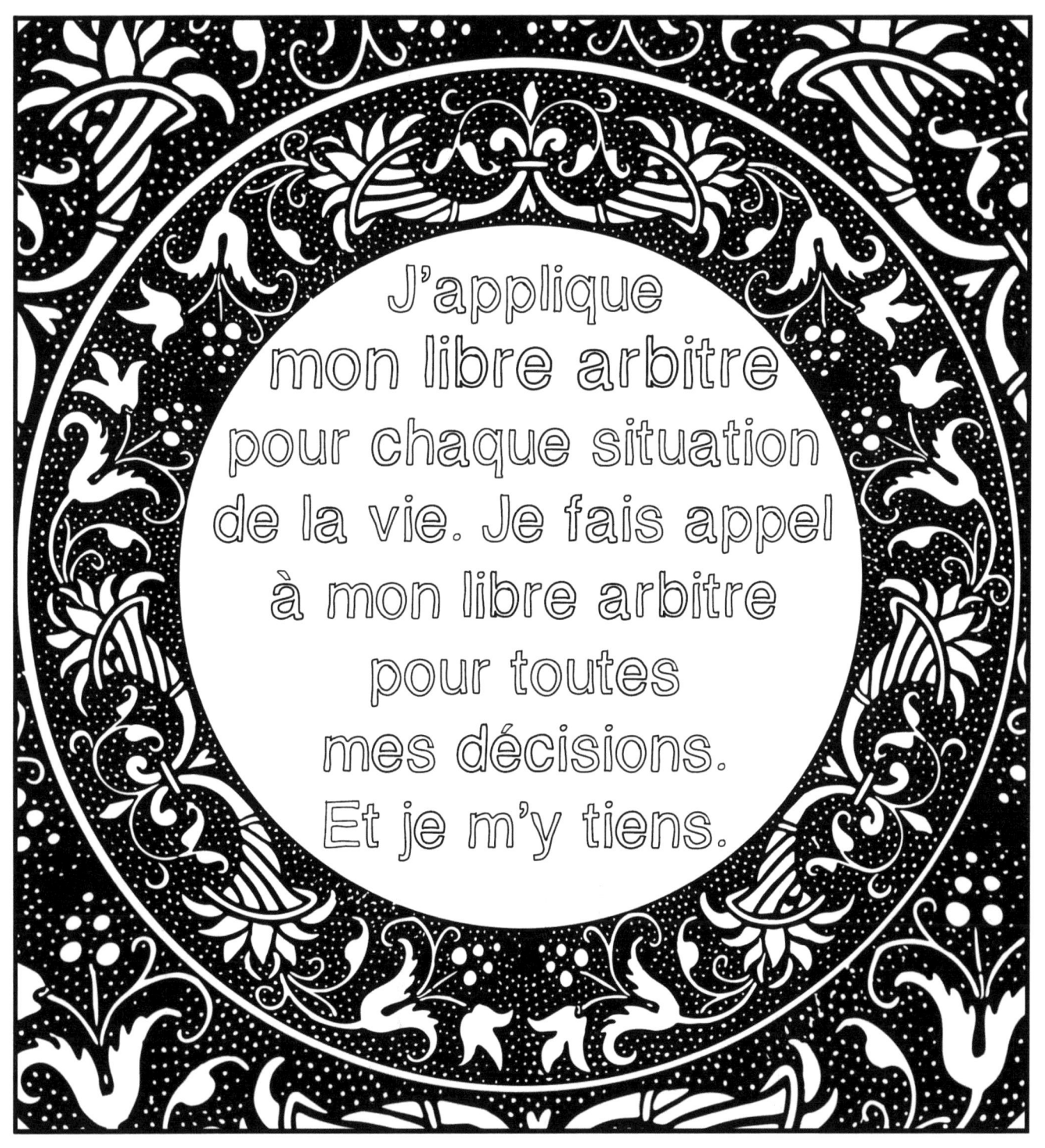

MA PRÉSENCE SUR TERRE ME PERMET D'AGIR. POUR CELA, JE FAIS LE CALME EN MOI, JE PRENDS MA DÉCISION ET J'AGIS.

INUTILE DE REPOUSSER L'ACTION À PLUS TARD, TOUT SE JOUE ICI ET MAINTENANT.

Autres parutions du même auteur :

Mon cahier de Mantras à colorier.
— BOD Editions

Le petit livre des mantras à murmurer.
— BOD Editions

D'Homo Sapiens à Homo Deus :
Comment finaliser l'évolution de l'humain ?
— BOD Editions

L'éveil de la rose :
En quête d'une sexualité consciente.
— Be Light Editions

Le dernier conte.
— Be Light Editions

Amour Inconditionnel.
— Stellamaris Editions

Mon recueil magique de recettes Arc-en- ciel.
— Be Light Editions